Zur Konfirmation

Der Tag der Konfirmation und das Konfirmationsfest werden mit ganz besonderer Spannung vorbereitet. In diesem Buch haben wir unsere schönsten Ideen und Anregungen zusammengestellt, damit Sie den festlichen Rahmen ganz individuell gestalten können. Komplette Dekorationen mit Einladungskarten, Tischschmuck und kleinen Dankeschöngeschenken finden sich hier genauso wie ganz persönliche Gratulationskarten zur Konfirmation oder individuelle Erinnerungsalben.

Bei den vielen neuen und originellen Dekorationen sind unterschiedlichste Techniken und Materialien zu finden. Aber auch die Motive sind vielfältig: christliche Symbole wie die Taube, der Fisch und das Kreuz sind genauso vertreten wie Schmetterlinge, Blumen und Blüten. Dabei reicht das Spektrum von nostalgischem Charme in warmen Naturtönen über edle blaugoldene Dekorationen bis zu ganz poppigen Farbkreationen.

Wir wünschen Ihnen eine schöne, gemeinsame Vorbereitungszeit, bei der Sie sich auf das bevorstehende Fest einstimmen können!

Die Motive lassen sich in folgende Schwierigkeitsgrade unterteilen:

● ○ ○ einfach　　　● ● ○ etwas schwieriger　　　● ● ● anspruchsvoll

ALLGEMEINE MATERIALIEN UND WERKZEUGE

Folgende Materialien und Werkzeuge werden für fast jedes der im Buch gezeigten Motive benötigt. Sie sind bei den einzelnen Materiallisten nicht mehr extra mit aufgeführt:

- scharfe Papierschere oder Cutter mit Schneideunterlage
- kleine Silhouettenschere, evtl. Nagelschere
- Metalllineal
- Falzbein
- Transparentpapier
- Kohlepapier
- dünner Karton
- Klebestift oder Bastelkleber, transparent
- Heißklebepistole
- Bleistift
- verschiedene Pinsel
- Toaster oder spezielles Heißluftgerät für Embossing
- ablösbares Klebeband

Hinweise:

Die Materialangaben beziehen sich jeweils auf eine Karte.

Mit „Rest" wird ein Stück bezeichnet, das kleiner als DIN A5 ist.

So wird's gemacht

Arbeiten mit Papier

Die Maße für die Karten, Schachteln und andere größere Papierarbeiten sind in den Anleitungen angegeben oder auf dem Vorlagenbogen in Originalgröße abgebildet. Die hierzu notwendigen längeren Schnitte am besten mit einer großen, scharfen Papierschere oder mit dem Cutter und einem Lineal auf einer Unterlage arbeiten. Die Falzlinien gelingen sehr präzise, wenn sie vorher mit einem Falzbein bearbeitet werden. Karten in den gängigen Maßen sind in vielen verschiedenen Farben und Materialien erhältlich. Sie können aber auch selbst zugeschnitten werden.

Herstellen einer Schablone

Kleinere Papiermotive können ganz einfach mit einer Schablone hergestellt werden. Dazu das Motiv vom Vorlagenbogen auf Transparentpapier übertragen und auf dünnen Karton kleben. Nun mit einer Silhouetten- oder Nagelschere exakt ausschneiden. Mit dieser so entstandenen Schablone kann das Motiv schnell und einfach in beliebiger Anzahl auf das gewünschte Material übertragen werden.

Herstellen einer Negativschablone

Ein Stück dünnen Karton so zuschneiden, dass es auf jeder Seite ca. 2 cm-3 cm breiter ist als das Motiv. Dieses nun vom Vorlagenbogen auf die Pappe übertragen, mit dem Cutter vorsichtig ausschneiden und herauslösen. Die so hergestellte Schablone mit einem ablösbaren Klebeband auf dem gewünschten Untergrund fixieren und mit Stift oder Pinsel ausmalen.

Papier reißen

Um schöne gerissene Linien zu erhalten, ein Metalllineal an der ge-wünschten Linie anlegen und das Papier zügig an diesem entlang reißen. Damit schöne Reißkanten entstehen, sollte das Papier ca. 3 cm-4 cm breiter sein als das gewünschte Format. Bei dickem Papier zuerst mit einem Pinsel an der Linealkante entlang etwas Wasser auftragen und dieses vor dem Reißen kurz einziehen lassen.

Embossing-Technik mit Stempeln

1 Den Schriftzug oder das Motiv mit einem Embossingstift oder mithilfe eines Stempels und eines Embossing-Stempelkissens auf das Papier aufbringen. Dann das Einbrennpulver in der gewünschten Farbe auf das noch feuchte Motiv aufstreuen. Das überschüssige Pulver vom bearbeiteten Papier am besten auf ein mittig gefaltetes Papier abklopfen. So können die Reste durch den Papierfalz wieder in den Behälter zurückgeschüttet werden.

2 Nun wird das Pulver über einer Wärmequelle zum Schmelzen gebracht. Dazu das Papier mit der Rückseite nach unten über einen Toaster halten oder mit einem speziellen Heißluftgerät für die Embossing-Technik erwärmen, bis sich eine glatte, glänzende Oberfläche bildet.

Kleben

Zum Kleben der Papierarbeiten eignet sich Klebestift, transparenter Alles- oder Bastelkleber oder Fotokleber. Bei größeren Papierflächen und speziellen Papieren am besten Sprühkleber verwenden.

Beschriften

Soweit die verschiedenen Karten nicht bestempelt werden, sieht es sehr hübsch aus, wenn der Schriftzug in einer schwungvollen Handschrift mit einem Filzstift in Schwarz, Gold oder Silber aufgebracht wird. Ein schönes Schriftbild gelingt mit Stiften mit speziellen Kalligraphiespitzen besonders leicht. Es bietet sich auch an, eine geeignete Schrift am Computer auszuwählen und diese in der gewünschten Farbe und Größe auszudrucken.

Verarbeiten von Goldfolie mit Anlegemilch („Vergolden")

Zuerst die Anlegemilch in der gewünschten Form, eventuell mithilfe einer Negativschablone, auftragen. Diese hat zuerst eine milchig weiße Optik und trocknet dann in 10 bis 15 Minuten zu einer durchsichtigen Oberfläche. Dann vorsichtig ein Stück der Goldfolie auflegen. Nun haftet diese auf der klebrigen Anlegemilch. Die überschüssigen Reste mit einem dicken, trockenen Pinsel abtupfen. Ist das Motiv noch nicht vollständig mit dem „Gold" bedeckt, können kleinere Stücke der Folie auf die gleiche Weise einfach weiter aufgearbeitet werden.

Malerisch

→ kunstvoll gestaltet

MATERIAL EINLADUNGS- UND MENÜKARTE
- handgeschöpftes Papier mit eingearbeiteter Schnur in Naturweiß, 50 cm x 70 cm
- handgeschöpfte Karte in Naturweiß, 21 cm x 21 cm (Einladungskarte)
- handgeschöpfte Karte in Naturweiß, 22 cm x 17 cm (Menükarte)
- Filzstifte in Orange und Gelb
- Acrylfarbe in Orange und Gelb
- Pinsel, Nr. 12
- doppelseitige Klebepads

TISCHKARTE AUF STAFFELEI
alles wie Einladungskarte außer:
- Miniatur-Staffelei in Natur, 12 cm x 6 cm
- handgeschöpftes Papier in Naturweiß, 7,5 cm x 11,5 cm

SERVIETTENSCHMUCK
- handgeschöpftes Papier, 5 cm x 7 cm
- Satinband in Orange oder Gelb, 3 mm breit, 60 cm lang

Einladungs- und Menükarte

1 Den Bogen handgeschöpftes Papier halbieren. Nun etwas orangefarbene und gelbe Acrylfarbe mit Wasser verdünnen und jeweils die Hälfte des Papierbogens damit einfärben und trocknen lassen. Ein gelbes und ein orangefarbenes Rechteck mit den Maßen 8 cm x 6 cm reißen (siehe Seite 2).

2 Die Rechtecke gemäß Abbildung leicht überlappend mit den Klebepads auf der Karte befestigen.

3 Den Schriftzug frei Hand in Gelb und dann in Orange darüber auftragen.

Tischkarte auf Staffelei

1 Die Staffeleien mit der Acrylfarbe in Orange oder Gelb bemalen und trocknen lassen. Aus dem handgeschöpften Papier Rechtecke (7 cm x 11 cm) reißen, mittig falten und den Namenszug wie oben beschrieben aufbringen.

2 Aus dem eingefärbten Papier wie bei der Einladungskarte beschrieben zwei Quadrate (6 cm x 6 cm) herstellen und zu Dreiecken falten. Die beiden Dreiecke leicht überlappend in der linken oberen Ecke der Tischkarte aufkleben und diese auf der Staffelei platzieren.

Serviettenschmuck

1 Eine Serviette auseinander falten und eine Spitze auf die gegenüberliegende klappen. Dann die rechte und linke Seite überlappend nach hinten umschlagen. Im unteren Drittel das gelbe oder orangefarbene Satinband zweimal um die entstandene Spitztüte wickeln.

2 Aus den Resten der oben beschriebenen, eingefärbten Papiere Rechtecke von 4,5 cm x 6,5 cm reißen, überlappend zusammenkleben und zwischen Band und Serviette stecken.

**MATERIAL
EINLADUNGSKARTE**
- Doppelkarte in Grün, 31 cm x 15 cm
- Tonpapier in Gelb, Blau und Pink, 7,5 cm x 7,5 cm
- Glanzpapier in Lila, 8,5 cm x 8,5 cm
- Fotokarton in Gelb, 8 cm x 8 cm
- Stempel „Einladung zu meiner Konfirmation"
- Embossing-Stempelkissen in Transparent
- Einbrennpulver in Platin
- Sprühkleber

MENÜKARTE
- Doppelkarte in Grün, 29 cm x 20 cm
- Tonpapier in Gelb, Blau und Pink, 10 cm x 7,3 cm
- Glanzpapier in Lila, 11 cm x 8,5 cm
- Fotokarton in Gelb, 10,5 cm x 7,5 cm
- Stempel „Menü mit Blumenvase"
- Embossing-Stempelkissen in Transparent
- Einbrennpulver in Platin
- Sprühkleber

TISCHKARTEN-WÜRFEL
- Tonpapier in Grün, Blau, Gelb oder Pink, A5
- Tonpapierreste in Grün, Blau, Gelb oder Pink
- Satinband in Grün, Flieder, Gelb oder Orange, 3 mm breit, 50 cm lang
- Lochzange
- Lackstift in Silber

VORLAGENBOGEN 3A

Moderne Dekoration
→ quadratisch und bunt

Einladungskarte

1 Die Quadrate aus Tonpapier zuschneiden und mit dem Sprühkleber wie abgebildet auf die Karte kleben.

2 Das Glanzpapier und den Fotokarton ebenfalls ausschneiden, mit dem Stempel nach der Anleitung auf Seite 3 bedrucken und in der Mitte der Karte befestigen.

Menükarte

1 Die Menükarte wie die Einladungskarte arbeiten, dabei jedoch die Maßabweichungen beachten.

2 Den Menüstempel einbrennen und den Fotokarton aufkleben.

Tischkarten-Würfel

1 Den Würfel nach Vorlage zuschneiden, falzen und lochen. Aus einem Rest Tonpapier in einer anderen Farbe das Namenskärtchen zuschneiden, beschriften und ebenfalls lochen.

2 Das Satinband so einfädeln, dass vorne die zwei Enden des Bandes herausschauen, und einen Knoten anbringen. Das Namenskärtchen locker am Band festbinden.

3 Den Würfel mit einer kleinen Praline für den jeweiligen Gast füllen. Für Kinder ist eine kleine Packung Gummibärchen mit einem Luftballon eine nette Idee.

Schöne Schmetterlinge

→ verspielte Deko

**MATERIAL
EINLADUNGSKARTE**
- Tonkarton „Tiziano" in Naturweiß, 21 cm x 14,5 cm
- Tonpapier in Gelb, 21 cm x 16 cm (Einlegeblatt)
- Tonpapier in Orange, 7 cm x 7 cm
- Tonpapier in Gelb, 6 cm x 1 cm
- Naturpapier „Mulberry" in Zartrosa, 10 cm x 10 cm
- Stempelfarbe in Gelb, Orange und Rot
- Stempel „Einladung"
- Stempel „handgeschriebener Text"
- Stempel „Schmetterling", 7 cm x 6 cm
- Acrylfarbe in Gelb
- Taftband in Orange, 6 mm breit, 50 cm lang

**HÜLLE FÜR
MENÜKARTE**
alles wie Einladungskarte außer:
- Naturpapier „Mulberry" in Zartrosa, 27 cm x 26 cm
- Tonpapier in Gelb, A4
- Tonpapier in Gelb, 7 cm x 7 cm
- Filzstifte in Gelb, Rot und Braun
- Taftband in Orange, 6 mm breit, 40 cm lang

**SERVIETTEN-
BANDEROLE**
alles wie Einladungskarte außer:
- Naturpapier „Mulberry" in Zartrosa, 24 cm x 14 cm
- Tonpapier in Gelb, 7 cm x 7 cm

- Tonpapier in Rot, 6 cm x 1 cm
- Taftband in Orange, 6 mm breit, 20 cm lang

**GESCHENKTÜTE
MIT NAMEN**
alles wie Einladungskarte außer:
- Naturpapier „Mulberry" in Zartrosa, 4 cm x 11 cm
- Tonpapier in Gelb, A4
- Tonpapier in Rot, 6 cm x 1 cm
- Filzstifte in Gelb, Rot und Braun
- Taftband in Orange, 6 mm breit, 20 cm lang

**VORLAGENBOGEN
4 B**

Einladungskarte

1
Die Karte schneiden und falzen. Das Naturpapier auf 9,5 cm x 9,5 cm reißen, etwas gelbe und orangefarbene Stempelfarbe auf den Textstempel geben und über die gesamte Fläche stempeln. Die gerissenen Ränder zuerst über die gelbe und dann über die rote Stempelfarbe ziehen und gut trocknen lassen.

2
Das Quadrat auf die Karte kleben. Auf das orangefarbene Tonpapier den Schmetterling mit der gelben Acrylfarbe stempeln und nach dem Trocknen ausschneiden. Zwei sehr feine, 6 cm lange Streifen als Fühler schneiden und vorsichtig über eine Schere ziehen, so dass sie sich etwas einrollen, und am Schmetterling befestigen.

3
Nun das gelbe Einlegeblatt am Lineal entlang 21 cm x 14,5 cm groß reißen, falzen und einlegen. „Einladung" mit roter und gelber Stempelfarbe aufstempeln und zuletzt das Band durchziehen und festknoten.

Hülle für Menükarte

1
Das Naturpapier für die Menükarte zuschneiden und am rechten und oberen Rand entlang reißen. Dabei die obere Kante leicht anschrägen. Das Papier weiter bearbeiten wie bei der Einladungskarte beschrieben.

2
Den Schmetterling auf die oben beschriebene Art auf gelbem Papier mit roter Stempelfarbe herstellen.

WEITERFÜHRUNG

Schöne Schmetterlinge

3 Mit den Filzstiften „Menü" aufschreiben und den Schmetterling ankleben. Die Karte einrollen und seitlich mit etwas Klebestift fixieren. Nun das Band zweimal darum herum wickeln und das mit der Menüfolge bedruckte oder beschriftete Tonpapierblatt einrollen und hineinstecken.

Serviettenbanderole

Die Banderole auf die gleiche Weise wie die Menükarte herstellen. Dabei die veränderten Maße beachten und den Schmetterling mit roten Fühlern arbeiten. Eine Serviette (30 cm x 30 cm) einrollen und einstecken.

Geschenktüte mit Namen

1 Das Tonpapier nach Vorlage zuschneiden und falzen. Rundherum mit dem Textstempel bedrucken und trocknen lassen. Danach falzen und zusammenkleben.

2 Den Naturpapierstreifen zuschneiden, den oberen Rand reißen und die Seitenkanten einfärben. Den Streifen auf die Tüte kleben und mit dem Namen beschriften.

3 Den Schmetterling wie bei der Serviettenbanderole beschrieben herstellen und festkleben. Zum Befüllen eignen sich z. B. eine kleine Praline und ein Zettel mit dem Konfirmationsspruch. Nach dem Befüllen das Band durch die Henkel ziehen und festknoten.

GLÜCK-WUNSCH-GIRLANDE

alles wie Einladungskarte außer:

- Naturpapier „Mulberry" in Zartrosa, 60 cm x 60 cm
- Tonpapier in Gelb, A4
- Tonpapier in Rot und Gelb, 6 cm x 1 cm (pro Schmetterling)
- Taftband in Orange, 6 mm breit, 1,50 m lang
- Papier in Weiß, A4 (für Wunschzettel)
- Holzklammern in Natur
- Acrylfarbe in Gelb und Orange
- Jutekordel in Orange, ø 2 mm, 1 m lang

Glückwunsch-Girlande

1 Papierstücke von 9 cm x 10 cm reißen, bestempeln und die Ränder einfärben. Das Rechteck so hinlegen, dass eine Spitze nach oben zeigt. Zur Tüte einrollen und zusammenkleben.

2 Die Holzklammern abwechselnd in Gelb und Orange bemalen und trocknen lassen. Die Schmetterlinge mit roten und gelben Fühlern herstellen und auf die Klammern kleben. Zuletzt die Klammern am Band und den Tütchen befestigen.

Tipp: Die Tütchen am Band können entweder von der Konfirmandin oder dem Konfirmanden mit seinen Wünschen zur Konfirmation gefüllt werden und die späteren Gäste können sich den „Wunschzettel" mitnehmen oder Wünsche mitteilen lassen. Oder am Konfirmationsfest kann das leere Band aufgehängt werden und von den Gästen oder den Eltern mit schönen Glückwunschtexten und eventuell Geld gefüllt werden.

Strahlend in Türkis und Blau

→ mit Sonnenglanz

MATERIAL EINLADUNGSKARTE

- Lackkarton in Türkis, 29 cm x 15 cm
- Tonpapier in Türkis, 10 cm x 11 cm
- Tonpapier in Hellblau, A5
- Einlegeblatt in Weiß, 28 cm x 14,5 cm
- Stempel „Einladung zur Konfirmation"
- Embossing-Stempelkissen in Transparent
- Einbrennpulver in Platin
- Sprühkleber

VORLAGENBOGEN 2A

Einladungskarte

1 Den Lackkarton zuschneiden und als hochformatige Karte falzen. Das türkisfarbene Tonpapier mithilfe des Sprühklebers mittig und unten bündig aufkleben. Die Sonne nach Vorlage ausschneiden und mit Sprühkleber gemäß der Abbildung aufkleben.

2 Die platinfarbene Schrift nach Anleitung auf Seite 3 aufstempeln.

3 Zuletzt das Einlegeblatt zuschneiden, falten und in die Karte einlegen.

WEITERFÜHRUNG

Strahlend in Türkis und Blau

MENÜKARTE
alles wie Einladungskarte außer:
- Lackkarton, 29 cm x 19 cm
- Tonpapier in Türkis, 10 cm x 12,5 cm
- Einlegeblatt in Weiß, 28 cm x 18,5 cm
- Stempel „Menü"

SERVIETTENBAND
- Tonpapier in Türkis, 13 cm x 7 cm
- Tonpapier in Hellblau, 5 cm x 5 cm
- Organzaband in Weiß, 4 cm breit, 1 m lang
- Embossingstift in Transparent
- Einbrennpulver in Platin

PICCOLOHÜLLE ALS GIVE-AWAY
- Tonpapier in Hellblau, 22 cm x 21 cm
- Tonpapier in Türkis, 13 cm x 14 cm
- Organzaband in Weiß, 4 cm breit, 1,50 m lang
- Embossing-Stempelkissen in Transparent
- Einbrennpulver in Platin
- Sprühkleber
- Piccolo-Sekt

VORLAGENBOGEN 2A

Menükarte

1 Die Menükarte wie die Einladungskarte anfertigen, jedoch die veränderten Maße beachten und den Stempel „Menü" verwenden.

2 Die Sonne wie auf der Abbildung zu sehen aufkleben.

Serviettenband

1 Das Namensschild und das Sonnensymbol nach Vorlage ausschneiden. Den Namen in der Embossingtechnik (siehe Seite 3) auftragen.

2 Eine Stoffserviette (30 cm x 30 cm) auseinander falten und von beiden Seiten bis zur Mitte aufrollen und doppelt legen. Das Band zweimal darum herum legen und mit einer halben großen Schleife zubinden. Zuletzt das Kärtchen dazwischen schieben.

Piccolohülle als Give-away

1 Das hellblaue Tonpapier zuschneiden und falten, so dass die Höhe 21 cm beträgt und seitlich eine überlappende Klebefläche von ca. 1 cm entsteht.

2 Nun ein türkisfarbenes Dreieck in der Größe 13 cm x 14 cm x 19 cm zuschneiden. Dieses mit dem Stempel „Danke" nach der Anleitung auf Seite 3 bestempeln und mit dem Sprühkleber aufkleben.

3 Jetzt die Hülle an der Klebefläche zusammenkleben und den Piccolo hineinstellen. Das Organzaband mit einer großen Schleife um den Verschluss binden und so drapieren, dass die Schleife und die Schleifenenden über die Hülle hängen.

Tipp: Für die kleinen Gäste können Sie eine schmalere Hülle mit einer Rolle Schokolinsen als Inhalt anfertigen. Um diese binden Sie dann ebenfalls ein Organzaband mit einer kleinen Schleife.

Der Fisch als Symbol

→ ganz in Blau und Silber

**MATERIAL
EINLADUNGSKARTE**

- Tonkarton „Bristol" in Naturweiß, 21 cm x 21 cm
- Transparentpapier in Wasserblau, 21 cm x 8 cm
- Tonkarton „Tiziano" in Dunkelblau, 21 cm x 8 cm
- Papierstanzteil „Fisch" in Silber, 11 cm x 5 cm
- Stempel „Einladung zur Konfirmation"
- Embossing-Stempelkissen in Silber
- Einbrennpulver in Silber
- Sprühkleber

MENÜKARTE
alles wie Einladungskarte außer:

- Tonkarton „Bristol" in Naturweiß, 21 cm x 30 m
- Transparentpapier in Wasserblau, 14 cm x 15 cm
- Tonkarton „Tiziano" in Dunkelblau, 11,5 cm x 11 cm
- Stempel „Menükarte"

VORLAGENBOGEN 1B

Einladungskarte

1 Die Karte zuschneiden und im Längsformat falzen. Den Transparentpapierstreifen herstellen und mit Sprühkleber mittig auf der Karte befestigen. Nun den dunkelblauen Fotokarton nach Vorlage zuschneiden und rechts bündig aufkleben.

2 Von dem dunkelblauen Tonkarton zwei dünne Streifen von je 10 cm x 2 mm abschneiden. Aus dem ausgestanzten Fisch den Bauch und das Auge heraustrennen. Die dünnen Streifen am unteren Fischbauch einfädeln und bei der Hälfte umknicken. Den Fisch wie auf der Abbildung zu sehen aufkleben.

3 Zuletzt den silbernen Schriftzug in der Embossing-Technik nach Anleitung auf Seite 3 aufstempeln.

Menükarte

1 Die Menükarte zuschneiden und mittig falzen. Den Streifen aus dem blauen Transparentpapier zuschneiden. Den dunkelblauen Ausschnitt nach Vorlage zuschneiden.

2 Weiter wird die Karte wie die Einladungskarte gearbeitet, nur wird hier der Schriftzug „Menükarte" aufgebracht und es werden drei Streifen eingearbeitet.

Serviettenring mit Namenskarte

1 Den dunkelblauen Streifen und zusätzlich einen dünnen Streifen von 21 cm x 2 mm abschneiden. Aus dem Fischstanzteil das Auge heraustrennen. Den Fisch auf das Streifenband auffädeln. Die beiden Enden hinten überlappend zusammenkleben, so dass der „Ring" ca. 8 cm hoch ist.

2 Die Dreiecke ausschneiden und lochen. Das dunkelblaue Dreieck frei Hand mit dem Namen in der Embossing-Technik beschriften. Den dünnen Streifen durch die Dreiecke und den unteren Fischbauch ziehen.

3 Die Serviette einrollen, doppelt legen und durch den Serviettenring ziehen.

Kerzenhalter in Fischform

1 Aus der lufttrocknenden Modelliermasse eine handtellergroße, ovale Form kneten. Hinten zwei Schwanzflossenspitzen herausziehen.

2 Mit der Kerze mittig ein Loch eindrücken. Am Kopf einen Mundschlitz einkerben. Das funktioniert mit einem Messerrücken sehr gut. Mit dem Fingernagel die Augen andeuten.

3 Den Fisch bei Raumtemperatur vollständig trocknen lassen.

Tipp: Die Oberfläche mit den groben Strukturen sieht sehr lebendig und schön aus. Wer jedoch lieber eine glatte Oberfläche haben möchte, bearbeitet den Fisch mit etwas Wasser. Nach dem Trocknen kann man den Fisch noch mit blauer oder silberner Acrylfarbe anmalen.

WEITERFÜHRUNG

Der Fisch als Symbol

SERVIETTENRING MIT NAMENSKARTE
- Tonkarton „Tiziano" in Dunkelblau, 6 cm x 21 cm
- Tonkarton „Bristol" in Naturweiß und „Tiziano" in Dunkelblau, 12 cm x 7 cm
- Transparentpapier in Wasserblau, 12 cm x 7 cm
- Stanzteil „Fisch" in Silber, 11 cm x 5 cm
- Embossingstift
- Einbrennpulver in Silber
- Lochzange

KERZENHALTER IN FISCHFORM
- lufttrocknende, extraleichte Modelliermasse in Weiß, 80 Gramm
- Spitzkerze in Weiß
- Messer

VORLAGENBOGEN 1B

Trendige Filzblüten

→ Dekoration in Pink und Grün

Einladungskarte

1 Den Fotokarton und die Tonpapiere zuschneiden und die Karte in der Mitte falzen. Nun das pinkfarbene Tonpapier auf das altrosafarbene Papier kleben, so dass ein gleichmäßiger Rand entsteht, und beide auf die hellgrüne Karte kleben.

2 Den beidseitig klebenden Schriftzug in der Mitte der Karte aufkleben und die Rub-Off Folie so auflegen, dass die silberfarbene Seite nach oben zeigt. Leicht andrücken und abziehen. Sollte der Schriftzug noch nicht vollständig bedeckt sein, diesen Vorgang wiederholen. Das Organzaband über den Schriftzug legen und an beiden Seiten vorsichtig festkleben.

3 Aus dem Filz ein Band von 45 cm x 1 cm schneiden. Die Blüten und das Blatt nach Vorlage anfertigen. Das Band nun um die Karte herum legen und durch die Schlitze in der Blüte ziehen. Das Blatt einschneiden und etwas überlappend zusammenkleben, so dass eine schöne Blattoptik entsteht. Das Blatt unterhalb des Filzbandes am unteren Rand des Organzabandes auf die Karte kleben.

MATERIAL
EINLADUNGSKARTE

- Fotokarton in Hellgrün, 15 cm x 30 cm
- Tonpapier in Altrosa, 13 cm x 13,5 cm
- Tonpapier in Pink, 13 cm x 12 cm
- Bastelfilz in Hellgrün, 45 cm x 10 cm
- Bastelfilz in Pink, 8 cm x 8 cm
- Organzaband in Weiß, 3,5 cm breit, 15 cm lang
- beidseitig klebender Sticker „Einladung zu meiner Konfirmation"
- Rub-Off Folie in Silber

VORLAGENBOGEN 1A

WEITERFÜHRUNG

Trendige Filzblüten

MENÜKARTE

alles wie Einladungskarte außer:
- Tonpapier in Altrosa, 12,5 cm x 12,5 cm
- Tonpapier in Pink, 11,5 cm x 11,5 cm
- bedruckbares Transparentpapier in Hellgrün, A4
- Organzaband in Weiß, 3,5 cm breit, 13 cm lang
- 3 beidseitig klebende Sticker „Menü"
- doppelseitiges Klebeband
- hohes Glas

TISCHKARTENHALTER
- Tonpapier in Altrosa und Pink, 8 cm x 5 cm
- Bastelfilz in Hellgrün, 10 cm x 10 cm
- Bastelfilz in Pink, 8 cm x 8 cm
- Kartenhalter mit Metallclip in Silber, 15 cm hoch
- lufttrocknende, extraleichte Modelliermasse in Weiß, 30 Gramm
- spitzes Messer
- Acrylfarbe in Hellgrün
- feiner Lackstift in Silber
- Heißklebepistole

ORGANZABEUTEL
- Organzabeutel in Pink, 11 cm x 9 cm
- Bastelfilz in Hellgrün, 1 cm breit, 20 cm lang
- Bastelfilz in Pink und Grün, 5 cm x 5 cm
- Tonpapierreste in Altrosa und Hellgrün
- feiner Lackstift in Silber

VORLAGENBOGEN 1A

Menükarte

1 Das Tonpapier in Altrosa und das pinkfarbene Tonpapier zuschneiden. Beide Papiere aufeinander kleben und den Schriftzug und das Organzaband wie bei der Einladungskarte beschrieben anbringen.

2 Das grüne Transparentpapier mit der Menüfolge bedrucken oder beschriften, zusammenrollen und in das Glas stecken. Das Tonpapier mit dem Schriftzug zwischen Glas und Transparentpapier stecken.

3 Die Filzteile wie bei der Einladungskarte beschrieben anfertigen, jedoch um das Glas herum anordnen. Dazu das Filzband mit etwas doppelseitigem Klebeband am Glas befestigen und das Blatt am Band festkleben.

Tischkartenhalter

1 Das Blatt aus der Modelliermasse nach Vorlage ca. 2 cm hoch formen und die Oberfläche mit angefeuchteten Fingern etwas glätten. Mit dem spitzen Messer eine Blattmittellinie und einige Blattadern einritzen und mit dem Kartenhalter mittig ein Loch stechen. Vollständig austrocknen lassen und danach mit Acrylfarbe bemalen.

2 Die Filzblüten ausschneiden. Die Blütenmitte in Pink aufkleben. Nun die Blätter aus Tonpapier ausschneiden, aufeinander kleben und mit dem silbernen Stift beschriften.

3 Zuletzt den Metallclip mit einer Heißklebepistole in das vorbereitete Loch des modellierten Blattes einkleben. Mit dem Clip die Blüten und die Blätter einklemmen.

Organzabeutel mit Blüten

1 Das Filzband (1 cm x 20 cm) zuschneiden. Die kleinen Filzblüten nach Vorlage ausschneiden und die Blütenmitten aufkleben.

2 Zwei kleine Blätter aus Tonpapier nach Vorlage ausschneiden, lochen, beschriften und auf das grüne Filzband aufziehen.

3 Die kleinen Blüten auf die Satinbänder am Säckchen kleben und das Filzband nach dem Befüllen um das Säckchen binden.

Tipp: Es sieht sehr dekorativ aus, wenn Sie die kleinen Organzabeutelchen mit weißen kandierten Mandeln und etwas Organzabandresten oder Tüll befüllen.

Natürlich schön

→ außergewöhnlich mit Kreuzmotiv

MATERIAL
EINLADUNGSKARTE
- Aquarellpapier in Naturweiß, 32 cm x 22 cm
- Packpapier, 8,5 cm x 22 cm
- handgeschöpftes Papier mit Lochmuster und Naturfasern in Naturweiß, 13 cm x 13 cm
- Papierkordel in Hellbraun, ø 3 mm, 30 cm lang
- Stempel „Zu meiner Konfirmation lade ich Euch herzlich ein"
- Embossing-Stempelkissen in Gold
- Einbrennpulver in Mattgold
- Einlegeblatt in Naturweiß, 20,5 cm x 29,5 cm
- Sprühkleber

ERINNERUNGSALBUM
- Spiralalbum in Natur mit drei Fenstern, 22 cm x 16 cm
- Aquarellpapier in Naturweiß, 10,5 cm x 20 cm
- 3 Skelettblätter in Natur
- 3 Familien- oder Konfirmationsfotos in Schwarz-Weiß kopiert
- Makramee-Garn in Naturbeige, ø 4 mm, 4 m lang
- Konturenschere
- Lochzange

WEITERFÜHRUNG

Natürlich schön

MENÜKARTE

- Aquarellpapier in Naturweiß, 32 cm x 26 cm
- handgeschöpftes Papier mit Lochmuster und Naturfasern in Naturweiß, 22 cm x 17 cm
- Stempel „Menü"
- Embossing-Stempelkissen in Gold
- Einbrennpulver in Mattgold
- Makramee-Garn in Naturbeige, ø 4 mm, ca. 25 m lang
- Karton, 10 cm x 6 cm
- 2 Häkelnadeln

GIVE-AWAY-DANKETÜTCHEN

- Aquarellpapier in Naturweiß, 8 cm x 4,5 cm
- handgeschöpftes Papier mit Lochmuster und Naturfasern in Naturweiß, 35 cm x 15 cm
- Stempel „Danke"
- Embossing-Stempelkissen in Gold
- Einbrennpulver in Mattgold
- Makramee-Garn in Naturbeige, ø 4 mm, 1,50 m lang
- Lochzange

KERZENHALTER STEIN

- lufttrocknende Modelliermasse, extraleicht in Weiß, 60 g
- Spitzkerze in Weiß oder hellen Brauntönen

VORLAGENBOGEN 2B

Einladungskarte

1 Die Karte aus dem Aquarellpapier und das Quadrat aus dem handgeschöpften Papier nach Anleitung auf Seite 2 reißen. Das Packpapier zuschneiden.

2 Das Packpapier auf das Aquarellpapier kleben und darauf das handgeschöpfte Papierquadrat fixieren.

3 Von der Papierkordel zwei Stücke von 8,5 cm und je eines mit 5 cm und 4 cm Länge schneiden. Die beiden längeren Stücke leicht versetzt direkt nebeneinander kleben. Die kürzeren Querbalken ebenfalls leicht versetzt aufkleben.

4 Den Schriftzug in der Embossing-Technik nach Anleitung auf Seite 3 aufstempeln. Nun das Einlegeblatt schneiden, falzen und einlegen.

Erinnerungsalbum

1 Das Aquarellpapier mit der Konturenschere zuschneiden. An den langen Seiten entlang 1 cm vom Rand entfernt Löcher einstanzen, die jeweils abwechselnd 1 cm und 2 cm voneinander entfernt sind. An der unteren Seite zwei Löcher im Abstand von 3 cm lochen.

2 Eine einfache Kordel durch die Löcher ziehen und unten mit einem Knoten verschließen. Die Kordelenden hängen lassen.

3 Aus zwei Garnsträngen von je 1,20 m Länge eine gedrehte Kordel anfertigen. Dafür die Stränge an der Türklinke befestigen und miteinander verdrehen. Dann eine Schere einhängen und die Kordel vorsichtig von der Türklinke abziehen und spannen. Die Enden nach oben halten, die Schere nach unten hängen lassen, warten, bis sich die Kordel vollständig eingedreht hat, und die Enden verknoten. Die dickere Kordel mit den Enden der einfachen Schnur verknoten.

4 Das Aquarellpapier mit den Schnüren auf das Album kleben und mit einem Cutter die Fenster ausschneiden. Nun die Skelettblätter auf die Kopien kleben und hinter die Ausschnitte kleben. Zuletzt das erste Blatt des Buches zum Schutz der Fotos auf der Rückseite des Deckblattes fixieren.

Menükarte

1 Die Menükarte aus dem Aquarellpapier zuschneiden und die Banderole auf 21 cm x 16 cm reißen.

2 Den Stempel „Menü" nach Anleitung auf Seite 3 aufstempeln und die Papiere aufrollen.

3 Für das Quastenband die Quasten folgendermaßen herstellen: Das Kartonstück über die Länge von 10 cm 21 mal umwickeln. Oben eine Häkelnadel einschieben und die Quaste vom Karton schieben. Auf einer Höhe von ca. 7 cm etwa 2 cm breit abbinden. Die Quaste unten aufschneiden. Die Häkelnadel vorerst eingesteckt lassen und auf die gleiche Weise die zweite Quaste herstellen.

4 Aus zwei Schnursträngen mit je 2,40 m Länge eine Kordel anfertigen (siehe Beschreibung Erinnerungsalbum).

5 Die Enden festhalten und jeweils mit der Häkelnadel durch die Quastenöffnung ziehen und mit Knoten befestigen. Zuletzt das Quastenband um die Menükarte legen und mit einem Knoten befestigen.

Give-away-Danketütchen

1 Die Tüte aus dem handgeschöpften Naturpapier nach Vorlage zuschneiden, falzen und zusammenkleben. Das Aquarellpapier auf 7,5 cm x 4 cm reißen und mit dem Stempel „Danke" bedrucken (siehe Anleitung auf Seite 3). Die Tüte lochen und das Schildchen schräg aufkleben.

2 Aus einem einfachen Garnstrang eine Kordel drehen (siehe Beschreibung Erinnerungsalbum) und an jedem Ende mit einem Knoten fixieren. Den Strang durch die Tüte ziehen und nach dem Befüllen mit einem Knoten verschließen.

Kerzenhalter Stein

Eine Hand voll Modelliermasse kräftig durchkneten und einen ovalen Stein formen. Mit der Kerze eine Einkerbung eindrücken und vollständig trocknen lassen.

Hinweis: Die Kerzenhalter in der Fisch-Form sind bei der Anleitung „Der Fisch als Symbol" auf Seite 16 beschrieben.

Dekoration in Lila und Silber

→ schlicht und schön

MATERIAL
EINLADUNGSKARTE
- Fotokarton in Flieder, 22,5 cm x 18 cm
- Tonpapier in Lila, 16 cm x 10 cm und 11 cm x 5 cm
- Lochkarton in Flieder-Silber, 13,5 cm x 8 cm
- Metallprägefolie in Silber, 12 cm x 6,5 cm
- Stempel „Einladung zur Konfirmation"
- Embossing-Stempelkissen in Silber
- Einbrennpulver in Silber
- Sprühkleber

MENÜKARTE
alles wie Einladungskarte außer:
- Fotokarton in Flieder, 30 cm x 21 cm
- Tonpapier in Lila, 13 cm x 17,5 cm und 8 cm x 11,5 cm
- Lochkarton in Flieder-Silber, 11,5 cm x 15 cm
- Metallprägefolie in Silber, 9,5 cm x 13 cm
- Stempel „Besteck"

SERVIETTENRING
- Fotokarton in Flieder, 6 cm x 5 cm
- Lochkarton in Flieder-Silber, 4,5 cm x 5 cm
- Metallprägefolie in Silber, 3,5 cm x 4,5 cm
- Tonpapier in Lila, 4 cm x 3 cm
- Bastelfilz in Lila, 20 cm x 14 cm
- Embossingstift in Farblos
- Einbrennpulver in Silber
- Kraftkleber

Einladungskarte

1 Den fliederfarbenen Fotokarton zuschneiden und mittig falzen. Das Tonpapier, den Lochkarton sowie die Metallprägefolie ebenfalls in der angegebenen Größe zuschneiden.

2 Auf das kleine, lilafarbene Tonpapier den Schriftzug in der Embossing-Technik nach Anleitung auf Seite 3 aufstempeln. Die einzelnen Rechtecke wie auf der Abbildung zu sehen mithilfe von Sprühkleber aufeinander befestigen.

Menükarte

1 Die fliederfarbene Karte zuschneiden und in der Mitte falzen. Die verschiedenen Rechtecke in den angegebenen Größen anfertigen. Die Karte weiter arbeiten wie bei der Einladungskarte beschrieben.

2 Den Besteckstempel wie bei der Anleitung auf Seite 3 beschrieben in der Embossing-Technik aufbringen.

Serviettenring

1 Den fliederfarbenen Fotokarton zuschneiden. Auf das kleinere Rechteck mit dem Embossingstift den Namen schreiben und das silberne Pulver nach Anleitung auf Seite 3 einbrennen. Das Lochkartonrechteck und das aus Metallfolie zuschneiden. Die einzelnen Rechtecke wie auf der Abbildung zu sehen mit Sprühkleber aufeinander fixieren.

2 Aus dem Filzrechteck die langen Seiten nach hinten umschlagen, so dass diese etwa 1 cm überlappen. An dieser Stelle wird die Filzbanderole mit dem Kraftkleber befestigt. Dann wird sie wiederum überlappend zu einem Ring zusammengeklebt.

3 Zuletzt das Namensschild an den Filzring kleben.

Tipp: Als Blumendekoration ist es hier besonders hübsch, einige locker drapierte Cosmeablumen oder weiße und lilafarbene Fresien in Glasvasen auf den Tisch zu stellen.

Blau-grünes Ensemble
Beschreibung Seite 28/29

Blau-grünes Ensemble

→ mit Dreiecken und Blüten

MATERIAL EINLADUNGS- UND MENÜKARTE
- je 2 Bogen Tonkarton „Tiziano" in Dunkelblau, A4 (für Deck- und Einlegeblatt)
- je 1 Bogen starkes Transparentpapier in Hellgrün, A4
- Stempel „Zu meiner Konfirmation lade ich Euch herzlich ein"
- Stempel „Menükarte"
- Embossing-Stempelkissen in Dunkelblau
- Einbrennpulver in Dunkelblau
- Buntstift in Hellgrün
- Sprühkleber

SITZBÄNKCHEN MIT NAMEN
- Miniatur-Holzbänkchen in Natur, 8 cm x 2,5 cm
- Acrylfarbe in Dunkelblau
- Tonkarton „Tiziano" in Dunkelblau, 8 cm x 2 cm
- Buntstift in Hellgrün
- Satinband in Hellgrün, 3 mm breit, 80 cm lang
- doppelseitiges Fotoklebepad

GIVE-AWAY
alles wie Einladungskarte außer:
- starkes Transparentpapier in Hellgrün, A4
- Tonkarton „Tiziano" in Dunkelblau, 7 cm x 7 cm
- Stempel „Danke"
- Jumbo-Motivlocher „Blume", ø 6 cm
- Satinband in Hellgrün und Dunkelblau, 3 mm breit, 50 cm lang
- doppelseitiges Fotoklebepad
- Lochzange

VORLAGENBOGEN 3B + 4A

Abbildung Seite 26/27

Einladungs- und Menükarte

1 Das Transparentpapier und das dunkelblaue Papier nach der jeweiligen Vorlage schneiden. Die Karte falzen und den blauen Tonkarton in die Vorderseite kleben.

2 Den jeweiligen Schriftzug nach Anleitung auf Seite 3 aufstempeln und einbrennen. Ein weiteres dunkelblaues Tonkartondreieck (gestrichelte Linie Kartenvorlage) zuschneiden, mit Buntstift den Einladungstext bzw. die Menüfolge schreiben und lose einlegen.

Sitzbänkchen mit Namen

1 Die Bank in Dunkelblau grundieren und gut trocknen lassen. Den Namen des Gastes auf das Papierstück schreiben und auf die Bank kleben.

2 Zwei Satinbandstücke von 40 cm Länge zuschneiden und an einem Rückenpfosten festknoten.

Tipp: Als Alternative für die Bänke können auch die kleinen Tüten anstatt mit dem Schriftzug „Danke" mit dem Namen des Gastes versehen werden.

Give-away

1 Das Transparentpapier zuschneiden und falzen. Mit dem Klebepad fixieren und oben lochen.

2 Die Blüten ausstanzen. Die blaue Blüte mit einem, die grüne Blüte mit zwei Löchern versehen. Die grüne Blüte mit dem „Danke"-Schriftzug nach Anleitung auf Seite 3 bestempeln.

3 Zuletzt die Bänder durch die Tüte und die blaue Blüte ziehen und verknoten. Das hellgrüne Satinband wie auf der Abbildung zu sehen von vorne nach hinten durch die grüne Blüte fädeln.

Goldene Taube

→ **Symbol des Friedens**

**MATERIAL
EINLADUNGSKARTE**
- Tonkarton „Tiziano" in Champagner, 16,5 cm x 33 cm
- Fotokarton in Dunkelblau, 11 cm x 11 cm
- Anlegemilch
- dünne Metallfolie in Gold
- Lackstift in Gold mit Kalligraphiespitze
- Acrylfarbe in Gold
- Kordel in Gold, ø 0,5 mm, 1,20 m lang
- Reliefstickerbogen in Gold mit ganz feiner Linie

VORLAGENBOGEN 2A

WEITERFÜHRUNG

Goldene Taube

MENÜKARTE
alles wie Einladungskarte außer:
- Tonkarton „Tiziano" in Champagner, 29,8 cm x 21 cm
- Fotokarton in Dunkelblau, 13 cm x 15 cm
- Tonpapier in Dunkelblau, 15,5 cm x 21 cm
- Kordel in Gold, ø 0,5 mm, 1,50 m lang

SERVIETTENRING MIT NAMENSSCHILD
alles wie Einladungskarte außer:
- Tonkarton „Tiziano" in Dunkelblau, 17 cm x 5 cm, und in Champagner, 8 cm x 4 cm
- Fotokarton in Dunkelblau, 3,5 cm x 4 cm
- Kordel in Gold, ø 0,5 mm, 70 cm lang

FOTOALBUM
- Spiralalbum mit 30 Blatt, 31 cm x 25 cm
- Lackstift in Gold mit Kalligraphiespitze
- Kordel in Gold, ø 0,5 mm, 1,50 m lang
- Acrylfarbe in Champagner, Gold und Ultramarinblau
- matter Serviettenlack in Farblos

VORLAGENBOGEN 2A

Einladungskarte

1 Eine Negativschablone nach Anleitung auf Seite 2 für die Taube herstellen. Den blauen Fotokarton auf die Maße 10 cm x 10 cm reißen (siehe auch Seite 2).

2 Mit einem Pinsel die gerissenen Außenränder in unregelmäßigen Strichen mit der goldenen Farbe gestalten und vollständig trocknen lassen.

3 Die Schablone mit ablösbarem Klebeband auf das blaue Quadrat kleben. Die Anlegemilch und die Goldfolie wie bei der Anleitung auf Seite 3 beschrieben auftragen. Dabei die Herstellerhinweise beachten. Das Quadrat im oberen Drittel der Karte aufkleben. Im unteren Drittel den Schriftzug mit schwungvoller Handschrift aufbringen.

4 Die Ecken mit Anlegemilch und Goldfolie wie oben beschrieben „vergolden". Rings um den Kartenrand herum die goldenen Reliefsticker aufkleben.

5 Zuletzt die Kordel doppelt nehmen, durch den Falz der Karte legen und mit einer großen lockeren Schlaufe befestigen.

Menükarte

1 Die Karte zuschneiden und in der Mitte falzen. Den dunkelblauen Fotokarton auf die Maße 12 cm x 14 cm reißen. Dann weiter arbeiten wie bei der Einladungskarte beschrieben.

2 Den Schriftzug aufbringen und die Karte wie bei der Einladungskarte beschrieben fertig stellen.

3 Zusätzlich aus dem blauen Tonpapier ein Einlegeblatt für die Menüfolge mit den Maßen 15,2 cm x 21 cm herstellen. Dabei die lange Seite nach Grundanleitung von Seite 2 reißen und diesen Rand ebenfalls etwas unregelmäßig mit der goldenen Farbe betupfen und gut trocknen lassen.

Serviettenring mit Namensschild

1 Die kleine Taube nach Vorlage und wie bei der Einladungskarte beschrieben herstellen und ausschneiden.

2 Ein kleines Rechteck von 3 cm x 3,5 cm aus dem blauen Fotokarton reißen und die Kanten wie bei der Einladungskarte beschrieben in Gold einfärben und trocknen lassen. Aus dem champagnerfarbenen Papier das Rechteck zuschneiden, mit dem Reliefsticker umkleben und beschriften. In der linken oberen Ecke lochen und das dunkelblaue Quadrat mit der Taube aufkleben.

3 Die Banderole zuschneiden. An den Außenkanten Goldlinien aufkleben und zu einem Ring zusammenkleben. Zwei Reliefsticker im Abstand von 1 cm quer über die Banderole kleben. Die Kordel doppelt nehmen, mit einer Schlaufe an der Namenskarte befestigen, um die Banderole führen und festknoten. Die Banderole über eine eingerollte Serviette schieben.

WEITERFÜHRUNG
Goldene Tauben

Fotoalbum

1 Die Umschlagseiten des Albums in Champagner grundieren und vollständig trocknen lassen. Mittig ein Quadrat von 10 cm x 10 cm mit Klebeband abkleben und mit der Acrylfarbe in Ultramarinblau ausfüllen. Ebenfalls trocknen lassen. Mit vielen kurzen Pinselschwüngen einen unregelmäßigen, goldenen Rand als Rahmen um das gesamte Deckblatt wie auch um die blaue Fläche malen.

2 Anschließend nach Vorlage und der Anleitung für Negativschablonen auf Seite 2 die Schablone für die Taube anfertigen und diese auf das trockene Quadrat aufkleben und ausmalen. Den Olivenzweig frei Hand ergänzen und den Schriftzug aufbringen.

3 Nach dem Trocknen Vorder- und Rückseite des Albums mit einem matten Klarlack überziehen. Zuletzt die Kordel doppelt nehmen, neben der Spiralbindung um das Album herum legen und mit einem Knoten befestigen.

DIESES BUCH ENTHÄLT 4 VORLAGENBOGEN

IMPRESSUM

FOTOS: frechverlag GmbH, 70499 Stuttgart; Fotostudio Ullrich & Co., Renningen
DRUCK: frechdruck GmbH, 70499 Stuttgart

Die verwendeten Stempel sind von den Firmen Butterer, Bruchsal, und heindesign, Hagen, ®2005 – alle Rechte vorbehalten. Sie sind ausschließlich für den privaten, nicht kommerziellen Gebrauch bestimmt.
Einen herzlichen Dank auch an die Firmen Hobbygross Erler, Rohrbach und Rayher für die freundliche Unterstützung.
Materialangaben und Arbeitshinweise in diesem Buch wurden von den Autorinnen und den Mitarbeitern des Verlags sorgfältig geprüft. Eine Garantie wird jedoch nicht übernommen. Autorinnen und Verlag können für eventuell auftretende Fehler oder Schäden nicht haftbar gemacht werden. Das Werk und die darin gezeigten Modelle sind urheberrechtlich geschützt. Die Vervielfältigung und Verbreitung ist, außer für private, nicht kommerzielle Zwecke, untersagt und wird zivil- und strafrechtlich verfolgt. Dies gilt insbesondere für eine Verbreitung des Werkes durch Fotokopien, Film, Funk und Fernsehen, elektronische Medien und Internet sowie für eine gewerbliche Nutzung der gezeigten Modelle. Bei Verwendung im Unterricht und in Kursen ist auf dieses Buch hinzuweisen.

Auflage: 5.   4.   3.   2.   1.
Jahr: 2009 2008 2007 2006 2005   [Letzte Zahlen maßgebend]   ISBN 3-7724-3457-6

© 2005 frechverlag GmbH, 70499 Stuttgart   Best.-Nr. 3457